FREI JONAS NOGUEIRA DA COSTA, OFM

O MAGNIFICAT

Transbordamento de louvor e gratidão

Uma hermenêutica bíblico/teológica de Lc 1,39-56

COLEÇÃO ESCOLA DE MARIA
11

EDITORA
SANTUÁRIO

Direção editorial:
Pe. Fábio Evaristo R. Silva, C.Ss.R.

Conselho editorial:
Ferdinando Mancilio, C.Ss.R.
Gilberto Paiva, C.Ss.R.
José Uilson Inácio Soares Júnior, C.Ss.R.
Marcelo da Rosa Magalhães, C.Ss.R.
Mauro Vilela, C.Ss.R.
Victor Hugo Lapenta, C.Ss.R.

Coordenação editorial:
Ana Lúcia de Castro Leite

Revisão:
Sofia Machado

Diagramação:
Mauricio Pereira

Imagem da capa:
Lúcio Américo de Oliveira

Capa:
Núcleo de Criação do Santuário Nacional

Dados Internacionais de Catalogação na Publicação (CIP) de acordo com ISBD

C837m Costa, Jonas Nogueira da

O Magnificat: transbordamento de louvor e gratidão / Jonas Nogueira da Costa. - Aparecida : Editora Santuário, 2021.
56 p. ; 14cm x21cm.

ISBN: 978-65-5527-147-8

1. Religião. 2. Cristianismo. I. Título.

2021-3633 CDD 240
CDU 24

Elaborado por Vagner Rodolfo da Silva - CRB-8/9410

Índice para catálogo sistemático:
1. Religião : Cristianismo 240
2. Religião : Cristianismo 24

1ª impressão

Rua Pe. Claro Monteiro, 342 – 12570-000 – Aparecida-SP
Tel.: 12 3104-2000 – Televendas: 0800 - 0 16 00 04
www.editorasantuario.com.br
vendas@editorasantuario.com.br

INTRODUÇÃO

Imagine-se no desafio de compor uma canção que fale profundamente de você, de sua espiritualidade, de suas convicções mais profundas, de seu amor, de suas raízes históricas e de seus sonhos para o futuro. Concretizar essa empreitada resultaria em algo que, na eterna transitoriedade própria de todos os humanos, seria como um "espelho de nossa interioridade".

Assim compreendemos o *Magnificat:* um espelho da interioridade de Maria. Esse espelho nos revela suas raízes fincadas no Antigo Testamento, seu modo de viver o projeto de Deus como Mãe do Senhor e suas esperanças no Deus de Israel.

Também vemos o "espelho" das convicções de fé pascais da comunidade de Lucas, que encontra em Maria sua porta-voz. Como também vemos um "espelho" das convicções de fé da Igreja de todos os tempos, que professa Jesus como o Messias.

Este pequeno livro quer ajudá-lo a colocar-se diante desse espelho e embelezar-se da espiritualidade de Maria.

No contexto em que vamos aprofundar e refletir Maria, que se movimenta ao ser interpelada pelo Espírito Santo, entendemos que dar uma conotação da palavra Movimento possa conduzir nosso estudo dentro de seu eixo estrutural e centralizar nosso discurso.

A reflexão teológico-mariana apresenta uma forte vertente bíblica para a elaboração de qualquer ponto da Mariologia. Por esse motivo, a presente reflexão tem como fundamento a Palavra da Sagrada Escritura. Nesse sentido, partimos dos Evangelhos da Infância de Mateus e de Lucas, tomando as citações que nos pareceram significativas e referentes ao Espírito Santo.

1

OS "EVANGELHOS DA INFÂNCIA": O CHÃO TEOLÓGICO DE ONDE BROTA O CANTO DE MARIA

O "Canto de Maria" lança raízes muito profundas na história do Povo de Deus. E a melhor forma de nos aproximarmos dessas raízes é começando pela compreensão dos "Evangelhos da Infância" como um todo, para irmos, cada vez mais, mergulhando no oceano de amor que esse canto conserva.

1.1. Os "Evangelhos da Infância" de Jesus

Os "Evangelhos da Infância" são textos neotestamentários que compreendem Mt 1-2 e Lc 1-2[1]. Foram escritos posteriormente aos textos a que foram anexados, oriundos de uma antiga tradição oral ou escrita por volta da segunda metade do primeiro milênio. Servem tanto como um prólogo para os dois Evangelhos quanto uma catequese cristológica[2].

Enquanto uma catequese cristológica, podemos dizer que essas narrativas são uma verdadeira proclamação pascal de Jesus como Messias, Salvador, Emanuel, Rei e Senhor, ou seja, são escritos que nos falam da natureza messiânica e soteriológica de Jesus à luz de sua ressurreição[3].

Tal compreensão pode causar estranheza, uma vez que tais textos referem-se aos eventos que narram a concepção, o nascimento e a infância de Jesus. Contudo, esse material deve ser contemplado da forma como se desenvolveram, ou seja, "de trás para diante"[4]. Como nos diz A. Valentini:

> Em outras palavras, os evangelistas Mateus e Lucas projetaram sobre a manjedoura e sobre a infância do menino a glória do Ressuscitado, não separada do mistério da paixão, também presente nos dois relatos das origens[5].

Lembremos que a mais antiga pregação cristã trata da morte e ressurreição de Jesus, como podemos ver em 1Cor 15,3-4, e, por meio desse núcleo central, é que a comunidade cristã foi chegando a um entendimento mais profundo sobre o mistério de Jesus e também suas origens, tanto humana quanto divina, conforme registrado nos "Evangelhos da Infância"[6].

Inserir essas narrativas no começo de cada Evangelho em questão foi muito apropriado, uma vez que tais narrativas seriam um importante veículo de compreensão da forma como o Filho de Deus se encarnou como um ser humano para a salvação da humanidade[7].

A expressão "Evangelhos da Infância" traz consigo notável imprecisão. Isso porque somente Mt 2 e Lc 2,1-40 referem-se à infância de Jesus, sendo que as outras partes do texto narram o período anterior ao do nascimento e, em Lc 2,41-52, encontramos Jesus com doze anos[8]. Contudo, uma vez que a expressão é mais usual, achamos por bem manter o termo em nossa reflexão.

Os "Evangelhos da Infância" também vêm ao encontro de uma demanda gerada pela curiosidade em torno da pessoa de Jesus. Os cristãos queriam saber mais sobre as origens de Jesus, sua família, seus antepassados (genealogia), seu lugar de nascimento[9]. Essas demandas são, na medida do possível, satisfeitas, mas não em vista de uma mera resposta às curiosidades, mas dentro de uma compreensão cristológica, que é a intenção de base de seus autores.

Esses autores, ao produzirem suas obras cristológicas em forma de narrativas da infância de Jesus, fizeram-no sem um conhecer a obra do outro. Essa observação é facilmente percebida a partir das diferenças entre os textos, o que implica uma diversidade de fontes, tradições e ambientes originários. Ao mesmo tempo, leva-nos a considerar a possibilidade da existência de alguma tradição da infância comum aos dois autores, o que reivindica maior antiguidade da questão levantada nesses Evangelhos[10].

Assim, salvaguardando as diferenças de cada Evangelho é importante destacar 11 pontos essenciais que unem as duas obras, a saber:

1. A descendência davídica de Jesus (Mt 1,16.20; Lc 1,27.32);
2. A divindade do menino, ao ser chamado de "Emanuel" ("Deus conosco") (Mt 1,23) e Filho de Deus (Lc 1,35);
3. Concepção e nascimento anunciados por um anjo (Mt 1,20-23; Lc 1,30-35);

4. A virgindade de Maria (Mt 1,23; Lc 1,27);
5. José e Maria são apresentados como os pais de Jesus, e Maria fica grávida, antes de qualquer relação sexual (Mt 1,18.25; Lc 1,34);
6. O Espírito Santo é explicitamente mencionado como o autor da obra da encarnação (Mt 1,18.20; Lc 1,35);
7. Por vontade divina, a criança se chamará "Jesus" (Mt 1, 21.25; Lc 1,31;2,21);
8. Jesus será o salvador de seu povo (Mt 1,21; Lc 2,11);
9. O nascimento aconteceu em Belém, da Judeia (Mt 2,1; Lc 2,4-6);
10. O nascimento se deu no tempo de Herodes, o Grande (Mt 2,1; Lc 1,5);
11. A residência em Nazaré (Mt 2,23; Lc 2,39.51)[11].

Um elemento que dificulta a leitura dos "Evangelhos da Infância" em sua singularidade é a desconsideração de sua elaboração ocorrida posteriormente ao conjunto dos Evangelhos de Mateus e Lucas, pois, para quem busca uma ordem coerente dos fatos, alguns elementos ficam desconexos com os textos dos "Evangelhos da Infância". Podemos citar dois exemplos: primeiro, o fato de Maria e José conhecerem a identidade messiânica de Jesus e os discípulos terem tanta dificuldade para entender isso. Se Maria e José estavam cientes do mistério da concepção virginal por obra do Espírito Santo, e tendo eles recebido essa informação pelo anjo, como foram capazes de não dizer isso aos discípulos? Também podemos dar como o segundo exemplo o caso de João Batista, que, sendo um parente próximo de Jesus, vindo a reconhecê-lo no ventre de sua mãe (Lc 1,41.44), depois, em seu ministério, não nos dá nenhuma indicação de conhecimento e proximidade com Jesus, ficando, inclusive, confuso em relação a ele (Lc 7,19).

Há quem, diante desses impasses, defenda uma suposta "modéstia de Maria", como razão para ocultar todos esses dados referentes à identidade messiânica de Jesus. Contudo, deixando de lado essa "criativa solução", é mais consistente a consideração de que estamos diante da junção de dois conjuntos de materiais outrora independentes, e que, não obstante algumas contradições, reunidos, apresentam de forma orgânica a Boa-Nova de Jesus de Nazaré, mas que devem ser contemplados em sua especificidade, não de forma aleatória em relação ao conjunto bíblico[12].

Outro elemento relevante gravita em torno da forma pela qual os "Evangelhos da Infância" são abordados em pontos extremados. De um lado, uma abordagem que considera todos esses textos "mitos" e/ou "contos piedosos", e, de outro, verdadeira narração histórica de acontecimentos que envolvem as origens, o nascimento e a infância de Jesus.

Partindo da volumosa pesquisa do exegeta estadunidense R. E. Brown, consideramos como improvável que as narrativas da infância sejam relatos históricos. E nem mesmo era essa sua intenção original. Contudo isso não faz desses textos meras fábulas piedosas, pois eles relatam algo que realmente aconteceu, mas narrados ao estilo de uma literatura hebreu-bíblica que, enquanto tal, cumprem seu papel de interpretação teológica de fatos à luz das promessas do Antigo Testamento[13].

Desse modo, "[...] as narrativas da infância são veículos adequados da mensagem do Evangelho; de fato, cada uma delas é a história essencial do Evangelho em miniatura"[14].

1.2. O "Evangelho da Infância" em Lucas

Como o "Canto de Maria" está inserido no Evangelho de Lucas, gostaríamos de apresentar brevemente as características principais desse Evangelho, para, em seguida, fazer uma análise mais atenta das narrativas da infância nele contidas.

O Evangelho de Lucas "é a primeira metade de uma obra, em duas partes, que narra a história das origens do cristianismo desde a infância de Jesus até a chegada em Roma de Paulo, o primeiro pregador, por volta de 60 d.C."[15].

Lucas é um cristão de língua grega (provavelmente seja essa sua língua materna), que escreve seu Evangelho na Antioquia (Síria) ou na Ásia Menor (atual Turquia), no fim do primeiro século, aproximadamente no ano 80 d.C.[16]. Há uma tradição registrada no final do século II que identifica Lucas como companheiro de Paulo, no entanto, atualmente a ligação desses personagens é muito questionada[17].

Seu destinatário é a Igreja cristã que está vivendo um momento de mudança, em que o grupo vai acolhendo mais pessoas provenientes do paganismo do que da comunidade judaica. Concomitante a esse movimento, sua mensagem não se dirige apenas à Palestina, mas tem a intenção de alcançar todos os seguidores de Jesus espalhados pelo Império romano[18].

Todos os quatro Evangelhos têm como proposta fundamental proclamar a Boa-Nova da salvação dada a todos na pessoa de Jesus Cristo. Cumpre destacar que cada um deles guarda sua singularidade. Sendo assim, ressaltamos três dessas singularidades do Evangelho de Lucas.

A primeira refere-se à salvação universal. A compreensão de que Deus quer a todos salvar já está presente nos primeiros tempos de Israel, como podemos ver em Gn 22,18, quando se diz que todas as nações serão abençoadas por meio da descendência de Abraão. Essa bênção expressa o desejo de reunir toda a humanidade em um único povo, ao redor da Aliança celebrada no Monte Sinai. Os primeiros cristãos tinham consciência disso ao se entenderem como o novo Povo de Deus, e expressavam essa convicção afirmando que em Cristo foi selada uma Nova Aliança. Lucas apresenta essa compreensão de forma muito clara, recebendo uma notável contribuição dos seguidores de Jesus que o antecederam[19].

Outra singularidade é a grandeza da misericórdia de Deus. Podemos dizer que o Evangelho de Lucas é o "Evangelho da Misericórdia", pois constantemente encontramos Jesus a ajudar o pobre, devolver a dignidade da pessoa humana, libertar o pecador de sua condição de miséria humana. A "parábola do Bom Samaritano" (Lc 10,25-37) e do "Pai misericordioso e os seus dois filhos" (usualmente chamada de "Filho Pródigo", em Lc 15,11-32) são verdadeiros "Ícones" de Jesus e do Pai em sua misericórdia para com todos.

Dentro dessa temática da misericórdia, não podemos ignorar a forma como Lucas retrata a mulher em seu Evangelho. Isso porque a sociedade daquele tempo tinha as mulheres como cidadãs de segunda classe, o que acarretava que, muitas vezes, elas eram de diferentes formas maltratadas. Jesus teve outro comportamento, agindo como amigo das mulheres (10,38-42) e aceitando a ajuda delas (8,1-3)[20].

A terceira singularidade é a alegria enquanto fruto da salvação que nos foi dada em Jesus, como também a resposta imediata dos que experimentam a misericórdia de Deus por meio das obras de Jesus. Lembremos o nascimento de João Batista e de Jesus como causa de grande alegria (1,14; 2,10); o arrependimento de um pecador que é razão de alegria no céu (15,7-10); os discípulos voltando de Jerusalém após a ascensão do Senhor (24,52)[21].

Refletindo especificamente sobre a "narrativa da infância" de Lucas, percebemos claramente que a salvação universal, a grandeza da misericórdia divina e a alegria messiânica encontram-se na apresentação da identidade e da missão Jesus como Filho de Deus, Salvador de seu mundo e descendente de Davi[22].

R. Brown apresenta uma organização interna dos caps. 1-2 de Lucas da seguinte forma:

> Há basicamente sete episódios: 1) anúncio do nascimento de João Batista; 2) anúncio do nascimento de Jesus; 3) visita a Isabel; 4) nascimento/circuncisão/ato de dar nome a João Batista; 5) nascimento/circuncisão/ato de dar nome a Jesus; 6) apresentação no templo; 7) encontro no templo[23].

Com base nessa organização, vamos nos concentrar, a partir de agora, na narrativa da visitação de Maria a Isabel.

1.3. Visitação de Maria a Isabel

Ao abordarmos esse tema, estaremos atentos a duas dimensões, a saber, uma apresentação da cena da visitação de Maria a Isabel como verdadeiro evento salvífico e a análise de seus personagens.

1.3.1. A visitação de Maria como um evento salvífico

A visitação de Maria a Isabel (1,39-56) é essencialmente um evento salvífico, pois gravita ao redor do mistério da encarnação do Verbo por obra do Espírito Santo. E o mesmo Espírito que move os passos de Maria em direção à casa de Zacarias é quem irá mover os passos dos seguidores de Jesus nos Atos dos Apóstolos, suscitando o testemunho de Jesus Cristo como o Salvador da humanidade[24].

O texto da visitação encontra-se em Lc 1,39-56. Contudo é importante retroceder aos v. 36-37, em que o anjo conclui seu anúncio falando da gravidez milagrosa de Isabel, que já estava no sexto mês. Isabel, logo após o anúncio do anjo a Zacarias, escondeu-se durante cinco meses (1,24-25). Maria, sendo informada desse "sinal", "levantou-se e foi apressadamente à região montanhosa, a uma cidade de Judá. Ela entrou na casa de Zacarias e saudou Isabel" (1,39-40).

Há muitas especulações sobre os motivos que conduziram Maria à casa de Zacarias. Devemos tomar cuidado para que tais especulações não obscureçam o texto bíblico. Neste caso, Maria está indo encontrar-se com Isabel por causa do "sinal" que o anjo havia lhe dado (1,37), a fim de testemunhar a eficácia da Palavra do Senhor. Testemunhar esse "sinal" é muito diferente da atitude de Zacarias (1,18) e outros personagens bíblicos que pedem um sinal[25]. Maria não pede sinais comprobatórios ou garantia alguma para si, mas, enquanto alguém envolvida na trama salvífica da humanidade, seu deslocamento refere-se ao anúncio da Boa-Nova de Jesus, mesmo antes de seu nascimento. Como nos diz R. E. Brown:

> Depois de expressar sua obediência como a serva do Senhor (v. 38), Maria se apressou em aclamar o prodígio do qual o anjo falou. As palavras dele – "Nada que Deus diz é impossível" – foram uma diretriz implícita para Maria; a visita, então acontece sob um imperativo divino.[26]

1.3.2. As personagens

Temos a alegria de ter diante dos olhos um texto bíblico em que os protagonistas são, unicamente, mulheres. E nesse laudativo diálogo entre Maria e Isabel, que culminará no *Magnificat*, faz-se mister uma atenta análise sobre as personagens em questão. Nessa análise é imprescindível dizer que as personagens em questão não falam simplesmente como pessoas em sua singularidade pessoal. Elas são uma expressão coletiva da concepção de fé da comunidade de Lucas, que crê em Jesus como Messias e venera Maria, como aquela que ouviu e obedeceu ao projeto de Deus, concebendo Jesus na carne[27].

a. *Maria*

Sobre a figura de Maria, em sua singularidade pessoal e enquanto personagem coletiva do Povo de Israel, gostaríamos de apresentar seu perfil no conjunto do texto de Lc 1,39-56, destacando Maria como a "Nova Arca da Aliança" e a primeira anunciadora da Boa-Nova de seu filho, Jesus. Em seguida, veremos a forma como Isabel apresenta Maria.

Tomando a figura de Maria para encabeçar a reflexão sobre os personagens dessa cena bíblica, afirmamos, em um primeiro momento, a singularidade da pessoa Maria de Nazaré e toda a sua participação na obra da salvação. Em momento algum Lucas abandona essa perspectiva, mas faz dela uma base sólida para apresentar Maria como uma "personificação coletiva", que representa e resume em si todo o Povo de Deus do Antigo Testamento, o resto santo de Israel, que na fidelidade aguarda a salvação vinda da parte de seu Senhor. A ação do Espírito Santo em Maria na obra da encarnação foi compreendida como a efusão escatológica do Espírito sobre a "Filha de Sião", ou seja, sobre o Povo de Deus, segundo as promessas do Antigo Testamento. Desse modo, "Maria sintetiza em sua própria pessoa a "Filha de Sião", ou seja, o resto fiel do Povo que, purificado pela prova do exílio, em pobreza e humildade, espera a salvação do Senhor"[28].

Sobre a questão da "personificação coletiva" cumpre acrescentar que isso não é uma novidade de Lucas aplicada a Maria, pois tem suas raízes no pensamento bíblico que "vê uma solidariedade ontológica e uma comunhão de destino entre pessoa e comunidade, entre o um e o muitos, entre vocação pessoal e missão social"[29]. Podemos exemplificar com a figura de Adão, que corresponde à humanidade em geral; Eva, à humanidade viva; Israel-Jacó, representando Israel enquanto Povo-eleito; Efraim, que remete ao Reino do Norte etc.[30].

Além da questão referente à "personificação coletiva", Maria é o "lugar santo da presença divina" por meio de Jesus em seu seio e do Espírito Santo que a habitou de modo permanente. Logo, podemos considerar a possibilidade de Lucas apresentar Maria, nessa perícope, como "a nova arca da aliança na força do Espírito Santo".

A afirmação de Maria como figura da "Arca da Aliança" tem seu ponto de interseção em 2Sm 6,1-11 e 1Cr 13,1-14 com o texto lucano de que estamos tratando. Vejamos, em um primeiro momento, as duas mais usuais comparações desses textos e, a seguir, a crítica a essas aproximações.

Os textos do Antigo Testamento nos dizem que a Arca da Aliança foi transladada de seu santuário provisório em Quirviat-Jearim (Baala de Judá) até a cidade de Davi. Seu transladamento se deu acompanhado de aclamações de alegria, palavras de louvor e cantos de exultação. Essa imagem pode ser comparada à chegada de Maria a Ain Karen, na casa de Isabel e Zacarias, quando se enche de alegria e aclamações de júbilo, ao entoar o *Magnificat*[31].

Atentos às comparações, salientamos Davi, que exclama: "Como entrará a arca do Senhor em minha casa?" (2Sm 6,9); já na casa de Zacarias, sua esposa, Isabel, irá dizer: "Como mereço que a mãe de meu Senhor venha me visitar?" (Lc 1,43). A semelhança entre as duas frases levou à consideração de que existia uma equivalência simbólica da "Arca do Senhor" com a "Mãe de Meu Senhor". Essa equivalência também pode ser observada no fato de que a Arca do Senhor permaneceu três meses na casa de Obed-Edom, o gatita, (2Sm 6,13), como também Maria ficou três meses na casa de Isabel e Zacarias (Lc 1,56)[32].

Ainda, observemos que o Antigo Testamento nos afirma que Deus escolheu a Arca como um elemento construído pelo povo e que era símbolo de união desse povo a seu Deus, ao passo que Maria foi escolhida por Deus como "objeto do favor divino" (*Kecharitomene* – que quer dizer "Agraciada") enquanto uma virgem da "cidade da Galileia, chamada Nazaré" (Lc 1,26), ou seja, uma filha de seu povo, que, portanto, pode perfeitamente ser aclamada, como o foi a Arca da Aliança, como símbolo de união do povo de Israel com seu Deus[33].

Enfim, o argumento mais significativo se deduz a partir de Ex 25,22, em que se diz que a Arca da Aliança é o lugar no qual Deus encontra seu povo santo de Israel e lhe revela suas ordens (Ex 25,22). A "Arca era entendida como o trono vazio sobre o qual pousava a *shekhiná*, a nuvem da presença de Deus"[34]. Maria, a partir da encarnação do Verbo, é o "lugar santo" onde Deus se encontra com seu povo. Não é um "trono vazio", pois, superando a "primeira Arca da Aliança", traz em seu ventre Jesus e está cheia da glória de Deus, por causa da força do Espírito Santo que pousou sobre ela (Lc 1,35) superando a *Shekhiná* que pousou sobre a antiga Arca.

Dessa forma, podemos dizer que, assim como no Antigo Testamento, a Arca da Aliança era o lugar da presença de Deus, Maria é, por excelência, "lugar da presença de Deus".

Critica essa tese o exegeta R. Brown, tendo como base o texto de 1Cr 13,1-14, em que a exclamação de Davi: "Como vou levar para junto de mim a arca do Senhor?" (v. 12) era movida por medo e não por júbilo. A expressão tem a ver com o fato de que, quando os bois tropeçaram e a Arca começou a cair no chão, Oza estendeu a mão para protegê-la, e a ira do Senhor se inflamou sobre ele por ter indevidamente tocado a Arca, o que o levou à morte (v. 9-12). É o poder de matar que causa a exclamação de Davi, o que é muito diferente da motivação jubilosa que brota dos lábios de Isabel[35].

A crítica em questão não nos coloca em um impasse, uma vez que toda a leitura tipológica que se faz entre o Antigo e o Novo Testamento nunca goza de perfeita simetria entre ambas as partes, o que pode levar a viáveis reflexões ou induzir a imprecisões que podem, inclusive, ser nocivas à compreensão do mistério de Deus. Assim, dentro dos limites dessa reflexão, basta-nos dizer que Maria, enquanto "lugar da presença de Deus", é *Cristófora*, é aquela que leva a Boa-Nova da salvação encarnada em seu ventre a Isabel.

Vejamos agora, em um segundo momento, como Isabel apresenta Maria em sua singularidade e em sua dimensão coletiva, e estejamos atentos àquilo que é próprio da comunidade de fé em que Lucas está inserido.

As expressões que Isabel usa para se referir a Maria no texto da "visitação" nos leva a questionar sobre o lugar de Maria na comunidade lucana. Podemos falar de indícios de devoção mariana? Evidentemente, não se pode aplicar aqui o que entendemos em nossos dias como práticas devocionais marianas, contudo A. Valentini nos chama a atenção para o fato de que

> Isabel não fala simplesmente como pessoa privada: exprime a atitude da comunidade de Lucas que venera Maria, enquanto aquela que concebeu na carne, mas ainda antes no coração, mediante a escuta, a fé-obediência nos confrontos com a Palavra[36].

Desse modo, a forma como Isabel se refere a Maria, enquanto "Bendita entre as mulheres" (v. 42), "Mãe de meu Senhor" (v. 43) e "Bem-aventurada aquela que acreditou" (v. 45) toma novas proporções, que é a consciência de fé oriunda de uma comunidade que professa a encarnação do Verbo em Jesus e reconhece o lugar de deferência que sua mãe ocupa nesse mistério. Vejamos cada uma das três expressões:

***"Bendita és tu entre as mulheres"* (Lc 1,42)**

Essa expressão é um hebraísmo que visa afirmar que Maria é a bendita ao grau máximo. Isso porque a bênção que Deus comunica a Maria alcança todo o ser humano na pessoa daquele que é o "bendito fruto" de seu ventre. Desse modo, Jesus é a bênção comunicada a Maria e a todo ser humano e isso, para Isabel, coloca Maria em lugar de singularíssima perspectiva entre todas as pessoas.

O lugar que Maria ocupa na história da salvação é singularíssimo, dada a sua maternidade messiânica, mas não isolada da humanidade, como se fosse uma "ilha de graça" deslocada de nossa história, sobretudo, deslocada das mulheres, que são tão evidenciadas na expressão de Isabel "bendita entre as mulheres". Sobre essa expressão faz-se necessário lembrar que ela também foi dirigida a Jael e a Judite.

O louvor a Jael é encontrado no Cântico de Débora (Jz 5,24-31), quando a juíza e profetiza do Povo de Deus diz: "Seja bendita acima das mulheres, Jael, mulher de Héber, o quenita, bendita acima das mulheres das tendas" (Jz 5,24). Isso porque, na fuga de Síssara, general cananeu, Jael o acolhe em sua tenda, mas o mata com um martelo e com a estaca da tenda (Jz 5,26). Vê-se, pois, que Jael é reconhecida como uma heroína em prol da libertação de seu povo.

O mesmo se aplica a Judite (Jd 12-13) que cortou a cabeça do general Holofernes em sua embriaguez. Agora é Ozias que, após o povo bendizer a Deus que reduziu a nada os inimigos do povo (Jd 13,17), dirá: "Tu és bendita, ó filha, pelo Deus altíssimo, mais que todas as mulheres da terra" (Jd 13,18). Sem dúvida, também Judite é reconhecida como uma heroína de seu povo.

Olhando para essas duas mulheres, observamos que nenhuma é exaltada com o referido hebraísmo por sua maternidade, mas pela ação libertadora (inclusive violenta) em defesa de seu povo. Esse elemento é importante porque ele nos ajuda a questionar a tese do valor absoluto que a maternidade ocupa na vida das mulheres do Antigo Testamento. Não queremos cair na armadilha de nenhum anacronismo, ignorando os contextos das redações do Antigo Testamento, mas textos como esses, em que mulheres são louvadas com grande relevo, fazem-nos perguntar se, de fato, o único mérito da mulher do Antigo Testamento, segundo os textos sagrados, era, exclusivamente, a maternidade. Vendo a forma como a ação de Jael e Judite é apreciada pelas Escrituras, vendo, também, Débora em seu posto de juíza e profetisa não podemos ignorar outros lugares de protagonismo feminino nas Escrituras para além da maternidade.

Não estamos dizendo que a maternidade seja algo de valor secundário, mas, sim, que existem outras abordagens sobre as mulheres que não foram devidamente ressaltadas. É verdade que há uma questão quantitativa, pois o número de mulheres que são mães nas Escrituras é maior do que o de mulheres que são exaltadas por outras questões e não por sua maternidade, mas não podemos cair em uma postura acrítica e deixar de nos perguntar por uma leitura patriarcal que acentuou um aspecto em detrimento de outro. Não nos cabe aqui o desenvolvimento dessa perspectiva, mas, sim, de nos perguntarmos se Lucas não queria, por meio do louvor de Isabel, inserir Maria entre as mulheres que efetivamente contribuíram para a libertação do Povo de Deus. Acreditamos que sim e, com Isabel, dizemos que Maria é "bendita entre as mulheres", e a contemplamos em sua singular posição entre as heroínas da libertação de seu povo, entre as profetisas e juízas, entre as matriarcas santas de Israel, enfim, entre todas as mulheres, com todos os homens: Maria é bendita!

"Mãe de meu Senhor" (Lc 1,43)

Isabel, em sua saudação, refere-se a Maria como "Mãe do Senhor". Esse título (juntamente com o de *agraciada,* Lc 1,28) é o mais importante que Maria recebe no Novo Testamento. Nele temos a indicação pascal de Jesus como o "Senhor Ressuscitado" e, consequentemente, a forma como Maria está relacionada ao seu filho mediante sua maternidade messiânica, definindo-a no plano da salvação[37].

Logo, temos diante dos olhos uma confissão de fé. Pela tradição bíblica, sabemos que "senhor" é um título reservado a Deus, como forma de substituir o nome divino, evitando, assim, de pronunciá-lo[38].

Já prevenimos o leitor contra a consideração de estarmos cometendo um anacronismo ao encontrar nos lábios de Isabel uma confissão pós-pascal. Lucas está ancorado na fé eclesial de seu tempo e a apresenta em todo o seu Evangelho, de um modo particular, no que denominamos "Evangelho da Infância" de Lucas. Anacronismo seria dizer que Lucas tivesse conhecimento do dogma cristólogico-mariológico tal qual proclamado em Éfeso, no ano 431[39].

"Bem-aventurada aquela que acreditou" (Lc 1,45)

Nessa frase encontramos duas ideias que nos apresentam algo sobre a fisionomia religiosa de Maria: ela é "bem-aventurada" e "aquela que acreditou". As duas informações que definem a mãe de Jesus estão muito unidas, mas vejamos cada uma em suas particularidades.

Dizer que Maria é bem-aventurada é dizer que ela é feliz por ter abraçado a proposta do Reino de Deus na pessoa de seu filho Jesus, que não somente anuncia o Reino de Deus, mas é a personificação desse Reino. Jesus prega as bem-aventuranças, cumprindo-as nele próprio cada uma delas[40].

Lembrando as "bem-aventuranças" de Lucas (Lc 6,20-22, como também Mt 5,1-12), dizemos que Maria participa da felicidade dos preferidos de Deus[41]. Evocar as "bem-aventuranças" no conjunto dos textos evangélicos e compreender Maria em seu bojo é nos libertarmos de qualquer ideia de bem-aventurança entendida como um estado de alienação, para situar essa beatitude na fé e na vida.

Isso considerado, dizemos que Maria é feliz, mas, também,

> feliz é Simão Pedro, a quem o Pai revelou a identidade de Jesus (Mt 16,17); felizes são os que veem e entendem a Palavra de Deus (Mt 13,16); felizes são os que esperam o senhor na vigília (Mt 24,46); assim serão também os que creem sem ter visto (Jo 20,29)[42].

Assim, percebemos o quanto que a ideia de bem-aventurança está visceralmente relacionada à de fé, o que qualifica Maria como "aquela que acreditou". Maria foi capaz de fazer uma aposta e, pelo que vemos no conjunto dos textos bíblicos, apostou toda a sua vida na fidelidade ao Deus de Israel que "olhou para a condição humilde de sua serva" (Lc 1,48) e de toda a humanidade, dando-nos o Salvador.

Podemos contemplar a fé de Maria e sua aposta no Reino de Deus a partir das palavras da Encíclica *Redemptoris Mater*, quando o Papa João Paulo II nos ensina que

> por conseguinte, também a fé de Maria pode ser comparada com a de Abraão, a quem o apóstolo chama "nosso pai na fé" (Rm 4,12). Na economia salvífica da Revelação divina, a fé de Abraão constitui o início da Antiga Aliança; a fé de Maria, na Anunciação, dá início à Nova Aliança[43].

Também Isabel pode ser considerada "bem-aventurada", "feliz", porque pelos olhos da fé, foi capaz de contemplar o mistério messiânico que, na pessoa de sua parenta, Maria, batia-lhe à porta.

b. *Isabel*

Segundo o Evangelho de Lucas, Isabel é esposa de Zacarias e mãe de João, como também parenta, em grau não especificado, de Maria.

Isabel aparece na narrativa como uma mulher "de idade avançada" (Lc 1,18) e "chamada de estéril" (Lc 1,36). Ou seja, padece da sorte de todas as mulheres marcadas pelo estigma da esterilidade.

A esterilidade era considerada uma maldição de Deus, o que ocasionava vergonha e "morte" para a mulher (naquele período, a esterilidade era sempre relacionada à mulher). Essa triste compreensão é tão marcante que o ventre de uma mulher estéril é comparado a um sepulcro[44]. Desse modo, a concepção e o parto de uma criança para uma mulher considerada estéril é ter a vida e a dignidade readquirida. Como também, no caso de serem mães de homens que prestaram sua contribuição significativa na história do povo de Deus, era um sinal de honra e distinção[45].

Logo, a intervenção de Deus em sua vida, fazendo-a mãe de João, leva-nos a contemplar a ação de Deus na história de seu povo que fez outras mulheres estéreis conceberem filhos, destinados a uma missão importante em Israel[46]. Dentre essas mulheres, gostaríamos de destacar:

Sara: em Gn 17,15, ela tem seu nome mudado de Sarai para Sara, que significa "princesa". É esposa de Abraão, marcada com o sofrimento da esterilidade (cf. Gn 11,31), contudo foi agraciada com o dom da maternidade concebendo Isaac, que significa "filho do sorriso", pois Sara ri quando os mensageiros divinos dizem que conceberá na velhice (cf. Gn 18,1-15).

Ana: vemos nessa mulher o protótipo do sofrimento em relação à esterilidade. Esposa de Elcana e por ele cercada de carinho, vive o estigma que a esterilidade ocasiona, até o nascimento de Samuel, quando sua humilhação se converte em vida nova. Voltaremos a falar dela mais adiante.

A mulher de Manué: não sabemos o nome dessa mulher, mas de seu marido e de seu famoso filho Sansão. Recebendo a visita de um anjo, é informada de que sua esterilidade se findará ao conceber um filho (cf. Jz 13,1-25). Sansão não será comandante de exército, como também não libertará Israel das mãos dos filisteus, porém suas façanhas serão consideradas como o início da libertação de Israel[47].

Sendo assim, quando vemos Maria se dirigindo à casa de Zacarias para visitar sua parenta Isabel, ela não vai testemunhar um sinal que apenas incide sobre Isabel. Maria testemunha a maternidade de Isabel, mas também a continuidade da ação de Deus na história de seu povo, gerando vida e esperança pelo sinal da maternidade. Isabel, então, torna-se, especificamente, um precioso elo que une as mulheres do Antigo Testamento àquelas que Deus "abriu seus ventres", unindo-se a Maria, a Virgem Mãe do Messias.

Se Isabel é uma das figuras que concentra uma privilegiada expressão do favor divino ao Povo de Deus por meio da maternidade, ela também é expressão privilegiada dos que se alegram com a salvação messiânica dada em Jesus, enquanto filho de Maria no Espírito Santo. Lucas nos diz que, ao ouvir a saudação de Maria, Isabel ficou cheia do Espírito Santo, a criança saltou de alegria em seu ventre, e com voz forte exclamou: "Bendita és tu entre as mulheres e bendito é o fruto de teu ventre! Como posso merecer que a mãe de meu Senhor venha a mim?" (Lc 1,42-43). Assim, destacamos a questão da alegria messiânica que atinge a vida de Isabel.

Isso nos leva a compreender que a alegria messiânica, expressa na cena da visitação de Maria, apresenta um caráter pneumatológico e litúrgico. O anúncio da salvação, feito na força do Espírito Santo, provoca uma resposta alegre em forma de profissão de fé. Desse modo, o texto vai elevando seus leitores, a partir de suas personagens, a um estado de gratidão e louvor, que começa com o diálogo entre Maria e Isabel, faz a criança saltar de alegria no ventre de Isabel e culmina em um grande hino de louvor, que é o *Magnificat*[48].

2

O CANTO DE MARIA: UMA VOZ QUE CONGREGA

O "Canto de Maria" é um poema doxológico que brota dos lábios de Maria diante da saudação de Isabel como um transbordamento de gratidão e confiança em Deus.

Comumente, esse canto/poema é denominado como *Magnificat*, que é a primeira de sua versão latina do referido texto.

Cinco elementos importantes merecem ser destacados no *Magnificat:*

1. É um canto em continuidade ao canto de outras mulheres do Antigo Testamento e de alguns salmos.
2. É um poema doxológico pascal, elaborado e assumido pela comunidade cristã primitiva e pelo próprio Lucas. É provável que a comunidade de Antioquia, da qual Lucas é uma expressiva voz, tivesse conhecimento, por intermédio de Maria, de seus sentimentos. Assim, sua redação hínico-litúrgica poderia ter uma influência direta de Maria. A atribuição da autoria do *Magnificat* a Maria foi defendida por muitos autores antigos, contudo, hoje, bem poucos a defendem e, quando a fazem, partem do princípio de que as mulheres conheciam de cor as orações do Antigo Testamento, o que inclui,

evidentemente, Maria. Mas, mesmo sendo isso algo registrado pela história, não constitui um argumento favorável à atribuição de autoria a Maria[49].

3. Expressão da espiritualidade de Maria. A reunião dos textos do Antigo Testamento esclarece o significado da vocação de Maria como algo assumido de forma radical pela Mãe do Senhor.

4. É um louvor assumido pela Igreja na hora mais solene de sua liturgia: as Vésperas.

5. Um canto que é recebido pela Teologia da Libertação como o sonho de Deus, de Maria e de todos os oprimidos de que, um dia, "ao levantar a vista, veremos nesta terra reinar a liberdade".

Dos elementos destacados, primeiramente, daremos ênfase à forma como os diferentes textos do Antigo Testamento são reunidos no *Magnificat* e, em seguida, em sua hermenêutica, onde os outros aspectos aqui elencados também serão tratados.

2.1. O Antigo Testamento e sua relação com o *Magnificat*

O solo em que o *Magnificat* tem suas raízes fincadas e o ergue como um triunfal canto pascal se dá no "Canto de Miriam" (Ex 15,20-21); o "Canto de Ana" (1Sm 2,1-10) e alguns versículos dos Salmos (Sl 89,11; 34,11; 98,3; 103,11; 126,3).

Vejamos cada um desses três "momentos" constitutivos do *Magnificat:*

O "Canto de Miriam"

O "Canto de Miriam" é a referência base para o *Magnificat*. Uma vez que o êxodo é o arquétipo de toda a ação libertadora de Deus no Antigo Testamento, esse tema é celebrado na voz de Miriam e de outras mulheres e projeta sua força libertadora no "Canto de Maria", que louva a Deus pela libertação operada de modo excelente na pessoa do Messias que ela porta em seu ventre.

Sobre Miriam, irmã de Moisés, recebemos a informação de que ela é profetisa. Essa relevante posição, somada a outras alusões feitas a ela, leva alguns estudiosos a suspeitarem que sua posição nas antigas formas pré-literárias da tradição fosse mais elevada que nos textos que chegaram às nossas mãos, sendo sua notabilidade reduzida em favor de Moisés[50].

O "Canto de Miriam" está dentro da perícope de Ex 15,1-21 que pode ser intitulada de "Canto do mar", pois os versículos 1-19 narram as façanhas de Deus ao fazer seu povo atravessar o Mar Vermelho no Canto de Moisés com os israelitas. Nos versículos 20-21 é que é dada voz a Miriam com as mulheres. E elas cantam:

> Maria, a profetisa, irmã de Aarão, apanhou seu tamborim, e atrás dela saíram todas as mulheres tocando pandeiro e dançando. Maria lhes entoava o refrão:
> "Cantai ao Senhor,
> com glória se exaltou;
> cavalo e cavaleiro
> ao mar precipitou" (Ex 15,20-21).

Considerando ser esse texto o "arquétipo", a base mais original, do "Canto de Maria", é importante observar os elementos que se mostram consonantes: a) é encabeçado pelo nome da mulher que o entoa, entendida como alguém que testemunha de modo privilegiado a ação libertadora de Deus; b) manifesta o louvor e o júbilo diante da ação testemunhada/vivida; c) narra o acontecimento.

Vejamos o "Canto de Miriam" ao lado do "Canto de Maria" e estejamos atentos à estrutura temática que eles apresentam.

Maria, a profetisa, irmã de Aarão, apanhou seu tamborim, e atrás dela saíram todas as mulheres tocando pandeiro e dançando. Maria lhes entoava o refrão:	E Maria disse:
"Cantai ao Senhor, com glória se exaltou;	"A minha alma engrandece o Senhor, e meu espírito exulta em Deus, meu Salvador, porque olhou para a condição humilde de sua serva. Todas as gerações, desde agora, me chamarão bem-aventurada, porque o Poderoso fez por mim grandes coisas. Santo é seu nome, e sua misericórdia se estende, de geração em geração, sobre aqueles que o temem.
cavalo e cavaleiro ao mar precipitou".	Ele manifestou o poder de seu braço: dispersou os soberbos nos pensamentos de seu coração. Depôs os poderosos de seus tronos e exaltou os de condição humilde. Encheu de bens os famintos e despediu os ricos sem nada. Amparou Israel, seu servo, lembrando-se da misericórdia, como prometera a nossos pais, a Abraão e à sua descendência, para sempre".

É interessante notar que Miriam cantou acompanhada de outras mulheres. E esse "coro" recebe, agora, a voz e a vibração de outra mulher: Ana, mãe de Samuel.

O "Canto de Ana", mãe de Samuel

A referência mais imediata para o *Magnificat* é o canto de Ana (1Sm 2,1-10), tendo o "Canto de Miriam" como base para ambas as composições.

A história de Ana começa nas primeiras páginas do Primeiro Livro de Samuel em que se apresenta diante de Deus o desejo de Ana ter um filho como, também, a necessidade espiritual que Israel tem da Palavra de Deus. Ana é marcada pelo estigma da esterilidade, sendo desprezada por todos, menos por Elcana, seu marido. Também sofre de ciúmes por causa de sua rival, a fértil e desdenhosa Fenena, o que torna sua história muito parecida com a de Sara em sua relação com Agar (Gn 16,4) e Lia com relação a Raquel (Gn 30)[51].

Banhada em lágrimas de amargura (1Sm 1,10) Ana ora a Deus pedindo um filho e Deus lhe responde dando-lhe Samuel, que significa "eu pedi ao Senhor" (1Sm 1,20).

O nascimento de Samuel é um verdadeiro "êxodo" para Ana. Ela sai da condição inferiorizada que a esterilidade lhe impunha e alcança nova vida, novo status social. Ela experimenta uma verdadeira libertação. Soma-se a isso o alto valor simbólico que a história de Ana alcança para as mulheres de seu tempo que se encontravam em situação semelhante.

Desse modo, saída da "escravidão" da humilhação social, Ana canta sua libertação. Analisemos seu canto, já o colocando em paralelo com o *Magnificat*. Não nos esqueçamos do "Canto de Miriam" e os elementos que se repetem, sobretudo enquanto estrutura/divisão dos poemas.

Ana, então, orou e disse:	E Maria disse:
Meu coração exulta no Senhor, a minha força se levanta graças ao Senhor. Minha boca desafia meus adversários, pois me alegro em tua salvação. Ninguém é santo como o Senhor, outro além de ti não há, não há rocha firme como o Senhor, outro além de ti não há, não há rocha firme como nosso Deus. Não multipliqueis palavras orgulhosas, nem saia insolência de vossas bocas, pois o Senhor é um Deus que sabe, é ele que pesa as nossas ações.	"A minha alma engrandece o Senhor, e meu espírito exulta em Deus, meu Salvador, porque olhou para a condição humilde de sua serva. Todas as gerações, desde agora, me chamarão bem-aventurada, porque o Poderoso fez por mim grandes coisas. Santo é seu nome, e sua misericórdia se estende, de geração em geração, sobre aqueles que o temem.
O arco dos valentes foi quebrado, mas os fracos se armam com vigor. Os saciados se empregam para ter pão e os famintos não passam fome. A mulher estéril sete vezes dá à luz, mas fenece a mãe de muitos filhos. O Senhor é quem dá a morte e a vida, faz descer ao Xeol e de lá voltar. O Senhor é quem torna pobre ou rico, é ele quem humilha e exalta. Levanta do pó o necessitado e do monturo ergue o indigente: dá-lhe assento entre os príncipes, um trono de glória dá por quinhão. Pois do Senhor são as colunas, ele apoiou sobre elas o mundo. Ele vela sobre os passos dos fiéis, mas os ímpios perecem nas trevas, pois ninguém triunfa pela própria força. O Senhor faz tremer seus adversários, troveja sobre eles desde os céus. O Senhor julga até os confins da terra. Ele dá fortaleza a seu rei e eleva a força do seu ungido".	Ele manifestou o poder de seu braço: dispersou os soberbos nos pensamentos de seu coração. Depôs os poderosos de seus tronos e exaltou os de condição humilde. Encheu de bens os famintos e despediu os ricos sem nada. Amparou Israel, seu servo, lembrando-se da misericórdia, como prometera a nossos pais, a Abraão e à sua descendência, para sempre."

Percebemos que o "Canto de Ana" liga-se ao de Miriam quando ambos são entendidos como cantos de libertação diante das ações salvíficas do Deus de Israel, mas nota-se a equivalência do *Magnificat* devido ao fato de que são cantos que enaltecem a Deus mediante o nascimento de crianças especiais, portadoras de um destino profético. Também merece destaque o louvor elevado a Deus por Ana e Maria que se manifesta a elas em seu poder, sua santidade e seu desígnio salvífico. O tema da "inversão social" de Lucas pode ser visto no canto de Ana, no qual observa um destaque à situação da mulher estéril que se torna mãe de muitos filhos.

Os Salmos

Mais do que um livro de orações, o Saltério é a voz de Deus transformada em oração pelas pessoas quando se colocam em sua presença, reconhecendo-se necessitadas de seu amor, de sua salvação[52]. Enquanto voz de Deus que ressoa no mais profundo da humanidade, é uma comunicação amorosa do querer divino revelando sua intenção de que todos alcancem a felicidade proposta na Aliança celebrada no Sinai. Mas é também resposta humana, resposta daqueles que se colocam a caminho, daqueles que, reconhecendo o Êxodo como um elemento fundante de sua fé, saem de si e vão em direção ao Templo, à justiça, ao transbordamento de júbilo, à misericórdia, enfim, são chamados a saírem de si mesmos e experimentarem algo (ou Alguém) maior do que eles mesmos. Assim, os Salmos são cantos extáticos, são cantos de libertação.

Vejamos os versículos dos Salmos que se alinham com o *Magnificat:*

Calcaste aos pés Raab, ferido de morte com a força do teu braço dispersaste seus inimigos (Sl 89,11).	Ele manifestou o poder de seu braço: dispersou os soberbos nos pensamentos de seu coração.
Ricos empobrecem e passam fome, mas os que buscam o Senhor não sentirão falta de nada (Sl 34,11).	Depôs os poderosos de seus tronos e exaltou os de condição humilde. Encheu de bens os famintos e despediu os ricos sem nada.
Lembrou-se da sua misericórdia e da sua fidelidade para com a casa de Israel (Sl 98,3).	Amparou Israel, seu servo, lembrando-se da misericórdia, como prometera a nossos pais, a Abraão e à sua descendência, para sempre.
Pois, quanto o céu se eleva acima da terra assim prevalece a sua misericórdia para aqueles que o temem (Sl 103,11).	Santo é seu nome, e sua misericórdia se estende, de geração em geração, sobre aqueles que o temem.
Sim, grandes coisas o Senhor fez conosco: ficamos cheios de alegria! (Sl 126,3)	Todas as gerações, desde agora, me chamarão bem-aventurada, porque o Poderoso fez por mim grandes coisas.

2.2. O Canto de Maria: *Magnificat*

Após feito esse percurso, quando tomamos o texto do *Magnificat* (Lc 1,46-55) temos a clara percepção do canto de Maria como um canto de louvor que brota de uma vida, ou de vidas, irmanadas no serviço ao projeto de Deus que alcança em Jesus, o Messias, um transbordamento de alegria.

Diante desses textos, cabe esclarecer que não faremos uma exegese do *Magnificat*, mas evidenciaremos os acentos teológicos mais significativos conservados nesse cântico, de modo que, ao nos enfileiramos entre os que fazem coro a esse cântico, possamos estar o mais próximo possível da mesma sensibilidade da comunidade de Lucas, quando conservou essa joia literária.

De posse dos elementos expostos, iremos analisar o texto em partes:

E Maria disse:

"A minha alma engrandece o Senhor, e meu espírito exulta em Deus, meu Salvador, [...]

A protagonista do canto é Maria: uma mulher jovem (praticamente uma adolescente, em nossa forma de compreender as divisões etárias da vida de uma pessoa). Ela está grávida e, em nada, comporta-se como uma jovem alienada da história salvífica de seu povo na qual se vê inserida. Não sendo uma menina "açucarada", vê o que está acontecendo e projeta sua visão ao futuro como um raio de esperança que nos atinge e irá manter viva a esperança na misericórdia de Deus até o último dia.

E todo o seu ser está em estado de "magnificação", de transbordamento de júbilo pelas coisas que Deus operou em sua vida e na vida de seu povo (RM 36).

A forma como o texto fala de todo o ser de Maria é usando as palavras: *alma/espírito*, que podem ser compreendidas da seguinte maneira:

> A alma (em grego: *psiquê*) significa a vida humana em sua raiz mais profunda, enquanto o espí-

rito (em grego: *pneuma*) é o espaço no qual a pessoa se introduz no divino. Ambas expressam dimensões interiores do "eu", vistos na perspectiva da espiritualidade[53].

Assim, *alma/espírito* não são algo etéreos, mas traduzem a compreensão da pessoa em sua inteireza.

Maria, em sua inteireza, chega à casa de Zacarias e saúda Isabel. Nela contemplamos a face mais original de uma "Igreja em saída", transbordando de gratidão.

porque olhou para a condição humilde de sua serva. Todas as gerações, desde agora, me chamarão bem-aventurada, [...]

Por "condição humilde" (*tapeinõsis*) podemos entender o contexto de vida em que Maria vivia, enquanto alguém que tinha uma vida social e economicamente destituída de qualquer importância[54].

Clodovis Boff nos chama a atenção para não darmos um sentido alienado à compreensão de "humildade", como algo desligado da dimensão socioeconômica de Maria[55]. A eleição divina recai sobre uma pobre filha de pobres.

Essa pobre jovem se entende como "serva". Para além da relação que sua autocompreensão de "serva" tem com sua humildade, nesse dado Maria expressa o quanto está ligada ao *ethos* bíblico. Ser servo/serva implica se entender como alguém chamado por Deus a uma missão salvífica, em sentido comunitário[56]. Assim, Maria se vê entre aqueles que se prontificaram de modo singular a servir a Deus, que quer contar com a ajuda do ser humano para tudo conduzir ao seu amor.

Por meio dessa chave de compreensão podemos adentrar na afirmação que Maria faz a dizer que "Todas as gerações, desde agora, me chamarão bem-aventurada", pois, caso contrário, soaria como algo muito pretensioso de sua parte. Maria reconhece que a ação é de Deus, e se ver inserida nessa ação a torna "bem-aventurada", feliz por causa da ação de Deus na história de seu povo que a acolhe como um sinal eterno da misericórdia divina.

porque o Poderoso fez por mim grandes coisas.
Santo é seu nome, [...]

Deus é chamado de "o Poderoso". Isso não nos leva a compreender Deus como um tirano onipotente? De forma alguma, pois "Poder não é sinônimo de dominação. "Poder" é o verbo que expressa liberdade: "Então não posso fazer isso? Posso. Sou livre". De fato, ter poder no sentido próprio é ser livre perante as coisas e as pessoas[57]". Pensando dessa forma, só Deus pode ser "o Poderoso", pois só Ele é a plenitude da liberdade.

Na plenitude de sua liberdade, Deus faz grandes coisas na história de seu povo. Podemos pensar nessas grandes coisas como os eventos mais marcantes da história da salvação, desde a saída do povo hebreu da condição de escravos no Egito até a páscoa de Jesus. Desse modo, vemos que a condição plena de liberdade de Deus está a favor da condição de liberdade de todo ser humano.

Deus é "poderoso" e "santo". Falar da santidade de Deus não se refere a uma "perfeição moral", mesmo que essa também seja um atributo divino, mas, sim, ao modo de ser do próprio Deus. Ele é diferente de tudo o que existe, não é um prolongamento das coisas criadas, pois é a "fonte e origem" de todas as coisas, sendo o Transcendente por excelência, o insondável[58].

Por essa razão, Maria proclama a santidade de Deus. Lembremos que esse é o primeiro desejo que manifestamos no *Pai-nosso:* "Santificado seja o vosso nome". E, novamente, encontramos a Mãe do Senhor muito bem enraizada na espiritualidade bíblica, ao reconhecer o poder e a santidade de Deus em favor de ações de libertação, especialmente no evento da encarnação do Verbo.

e sua misericórdia se estende, de geração em geração, sobre aqueles que o temem. [...]

A palavra "misericórdia" (*hêssed*) nos remete ao ventre, às vísceras maternais. Falar da misericórdia de Deus é dizer que Deus, contorcendo-se de amor materno, inclina-se diante do filho pecador no intuito de devolver-lhe a vida por meio de seu perdão, que Deus se volta para o pobre e o injustiçado querendo que este alcance a dignidade de um filho seu, que Deus, diante de todo e qualquer sofrimento da criatura, volta-se bondoso oferecendo vida. Tanto que para a palavra "misericórdia" podemos pensar em ternura, graça, justiça, indulgência, cura, bondade, enfim, tudo o que o amor materno pode expressar do mais profundo de si[59].

Além disso, no *Magnificat*, em um ambiente todo materno, uma jovem grávida afirma que essa ternura materna de Deus não se extinguirá nunca. Ela participa desse mistério por sua maternidade e a vê projetada em toda a história da humanidade. Aquele que nos amou desde o primeiro instante nos amará até a eternidade.

Ele manifestou o poder de seu braço: dispersou os soberbos nos pensamentos de seu coração. Depôs os poderosos de seus tronos e exaltou os de condição humilde. Encheu de bens os famintos e despediu os ricos sem nada.

"Braço de Deus" é uma metáfora usada nas Escrituras para designar a "potência divina", operada para além das mediações humanas como também por meio delas[60]. A potência do Senhor se manifestou ao povo hebreu no Egito e os tirou da escravidão, salvando o povo diante das atrocidades do faraó. Assim, o Deus que "dispersou o soberbo" na terra do Egito continua realizando sua obra.

Como resultado, somos inseridos em um tema importante na literatura lucana: a inversão social. Os orgulhosos, entendidos como aqueles que assumem um ar de superioridade diante dos outros e não elevam os olhos para Deus, juntamente com os poderosos, são os que se colocam como rivais de Deus[61]. E Deus "inverte" a lógica dos orgulhosos e poderosos elevando os pequenos, elevando os *anawim*

> Embora originalmente designasse os fisicamente pobres (e, com frequência, ainda os incluísse), esse título, que significa "os pobres", passou a referir-se, de modo mais amplo, aos que não confiavam na própria força, mas tinham de ter confiança absoluta em Deus: os humilhados, os pobres, os doentes, os oprimidos, as viúvas e os órfãos. O oposto dos *anawim* não eram apenas os ricos, mas também os orgulhosos e os autossuficientes que não demonstravam nenhuma necessidade de Deus ou de sua ajuda[62].

Isto posto, "despedir os ricos sem nada" é despedir de seus postos de abuso social todos os que acumularam bens, oprimindo e explorando os fracos, e os que foram desprovidos de seus direitos[63]. A esses Deus faz justiça, restituindo-lhes dignidade.

Fica claro para todos nós que Maria, em seu canto, também toma a voz dos que lhe são mais próximos, os *anawim*, já que, sendo ela também uma mulher pobre, sempre manteve sua confiança em Deus.

Amparou Israel, seu servo, lembrando-se da misericórdia, como prometera a nossos pais, a Abraão e à sua descendência, para sempre"

Deus jamais abandonou seu povo. Ele sempre foi seu amparo, seu sustento. Essa promessa: "Eu vos tomarei por meu povo e serei vosso Deus" (Gn 6,7) chega à plenitude na ressurreição de Jesus onde, em Jesus, toda a humanidade pode olhar para seu futuro na esperança da ressurreição, pois naquele que, sendo o Filho, ao se fazer povo em nossa história, a todos coloca em marcha rumo à vida em plenitude.

CONCLUSÃO

A hermenêutica sobre o *Magnificat* nos coloca em uma situação de recusa a todo minimalismo que tenha a pretensão de colocar o "Canto de Maria" como mais uma oração no meio das outras.

O *Magnificat* é o canto dos que se colocam a caminho. Esse caminho de libertação conserva o cheiro de mar, impregnado na alma de Miriam, irmã de Moisés, quando cantou as maravilhas de Deus ao atravessar o Mar Vermelho; tem o gosto das lágrimas de Ana, mãe de Samuel, quando Deus a fez atravessar a morte da esterilidade para a vida nova da maternidade; tem a sonoridade dos Salmos, que conservam as "melodias" da ação de Deus em todo ser humano; a sensação das mãos de Maria percorrendo sua barriga na gravidez, vendo-se grávida de um novo mundo na pessoa de seu filho; o olhar da comunidade de Lucas, que vendo os irmãos reunidos em nome de Jesus, já enxergam um futuro transformado em Reino de Deus, apesar de toda a violência.

O *Magnificat*, enquanto canto dos que caminham em busca da libertação, é o canto de cada homem e mulher que se ergue, que fica de pé, na postura de "ressuscitados no Ressuscitado", e cantam maravilhados, transbordando de alegria, a ação de Deus na história.

O "canto de Maria" elevado a Deus nas *Vésperas* da Liturgia das Horas, na *Catena* da Legião de Maria ou nos movimentos de libertação social, enfim, não importa onde, é sempre um canto dos que estão em marcha com todo o povo do Antigo Testamento, com Maria e com toda a Igreja.

Quiçá ao final de cada dia, de cada trabalho, de cada luta, possamos nos encher dos mesmos sentimentos da Mãe do Senhor diante de Isabel e acolher a paz que brota da gratidão e a força do desejo pela realização plena do Reino de Deus.

Frei Jonas Nogueira da Costa

É frade franciscano, presbítero e pertence à Ordem dos Frades Menores. Doutor em Teologia Sistemática (pesquisa em Mariologia) pela Faculdade Jesuíta de Filosofia e Teologia – FAJE. Membro da Equipe de Assessoria Teológica da Academia Marial de Aparecida e professor no curso de pós-graduação em Mariologia da Faculdade Dehoniana (Taubaté, SP). Pároco da Paróquia São Francisco das Chagas (Belo Horizonte, MG).

E-mail: nogueira905@gmail.com

NOTAS

[1] Para este artigo usaremos como referência bíblica a “Tradução Oficial da CNBB” – 2ª edição – 2019.

[2] VALENTINI, Alberto. *Maria secondo le Scritture:* Figlia di Sion e Madre del Signore. Bologna: EDB, 2007, p. 65; LAURENTIN, René. *Breve tratatto sulla Vergine Maria.* Cinisello Balsamo: Edizione San Paolo, 2016, p. 19.

[3] VALENTINI, Maria secondo le Scritture, p. 24.

[4] BROWN, Raymond. *O nascimento do Messias.* Comentário das narrativas da infância nos Evangelhos de Mateus e Lucas. São Paulo: Paulinas, 2005, p. 35.

[5] VALENTINI, Alberto. *Maria secondo le Scritture:* Figlia di Sion e Madre del Signore. Bologna: EDB, 2007, p. 15-16.

[6] BROWN, Raymond. *O nascimento do Messias.* Comentário das narrativas da infância nos Evangelhos de Mateus e Lucas. São Paulo: Paulinas, 2005, p. 35.

[7] *Ibid.,* p. 38.

[8] *Ibid.*, p. 33.

[9] *Ibid.*, p. 37.

[10] *Ibid.,* p. 44.

[11] *Ibid.,* p. 44. Ver também: VALENTINI, Maria secondo le Scritture, p. 68.

[12] *Ibid.*, p. 41-42.

[13] *Ibid.*, p. 8; GONZÁLEZ, Carlos Ignacio. *Maria, evangelizada e evangelizadora.* São Paulo: Loyola, 1990, p. 32-33; NATOLI, Salvatore. *Mater misericordie.* La maternità di Maria come simbolica universale. In: ASSOCIAZIONE TEOLOGIA ITALIANA. *Maria.* Un caso per la teologia. Milano: Glossa, 2019, p. 35.

[14] BROWN, O nascimento do Messias, p. 8.

[15] KODELL, Jerome. Lucas. In: BERGANT, Dianne; KARRIS, Robert J. (orgs.). *Comentário bíblico.* 6 ed. São Paulo: Loyola, 2012, vol. III, p. 73.

[16] *Ibid.*, p. 73; TESTA, Emmanuele. *Maria terra vergine.* I rapporti della Madre di Dio con la SS. Trinità (Sec.I-IX). Jerusalém: Franciscan Printing Press, 1985, vol. I, p. 156-157.

[17] BROWN, O nascimento do Messias, p. 280.

[18] KODELL, Lucas, p. 73.

[19] *Ibid.*, p. 74.

[20] *Ibid.*, p. 74.

[21] *Ibid.*, p. 74.

[22] VALENTINI, Maria secondo le Scritture, p. 115.

[23] BROWN, O nascimento do Messias, p. 295.

[24] VALENTINI, Maria secondo le Scritture, p. 121.

[25] *Ibid.*, p. 125.

[26] BROWN, O nascimento do Messias, p. 406.

[27] VALENTINI, Maria secondo le Scritture, p. 123.

[28] SERRA, Aristide. Aspetti mariologici della pneumatologia di Lc 1,35a. In: SIMPOSIO MARIOLOGICO INTERNAZIONALE. *Maria e lo Spirito Santo.* Atti del 4° Simposio Mariologico Internazionale (Roma, ottobre, 1982). Roma: Marianum, 1984, p. 135.

[29] BOFF, Clodovis Maria. *Mariologia social.* São Paulo: Paulus, 2006, p. 42.

[30] *Ibid.*, p. 42.

[31] MASINI, Mario. *Maria di Nazaret la Vergine*. Padova: Messaggero di Sant'Antonio, 2008, p. 6; GONZÁLEZ, Maria, p. 93 e 95.

[32] GONZÁLEZ, Maria, p. 95.

[33] *Ibid.*, p. 193.

[34] RATZINGER, Joseph. *Teologia da liturgia*. O fundamento sacramental da existência cristã. Brasília: Edições CNBB, 2019, p. 67.

[35] BROWN, O nascimento do Messias, p. 410-411.

[36] VALENTINI, Maria secondo le Scritture, p. 123.

[37] TRAVAGLIA, Giovanni. *E il discepolo l'accolse con sé (Gv 19,27b)*. Il cammino etico-spirituale del credente sulle orme di Maria. Padova: Messagero di Sant'Antonio, 2011, p. 161.

[38] GONZÁLEZ, Maria, p. 97.

[39] *Ibid.*, p. 97.

[40] SESBOÜÉ, Bernard. *O homem, maravilha de Deus*. Ensaio de antropologia cristolótica. São Paulo: Paulinas, 2021, p. 320.

[41] SEGUNDO, Juan Luis. *A história perdida e recuperada de Jesus de Nazaré*: dos sinóticos a Paulo. São Paulo: Paulus, 1997, p. 151.

[42] SESBOÜÉ, O homem, p. 320.

[43] JOÃO PAULO II. *Carta Encíclica* ***Redemptoris Mater*** *do Sumo Pontífice João Paulo II sobre a Bem-Aventurada Virgem Maria na vida da Igreja que está a caminho*. 14. ed. São Paulo: Paulinas, 2008, n. 14.

[44] SERRA, Aristide. *La Donna dell'Alleanza*. Prefigurazioni di Maria nell'Antico Testamento. Padova: Edizioni Messaggero, 2006, p. 55.

[45] Não obstante a alegria dessas mulheres que conceberam depois de consideradas estéreis, não podemos nos esquivar de considerar a tônica patriarcal que marca toda a vida delas, pois, infelizmente, o valor de uma mulher reside em sua capacidade de dar filhos ho-

mens a seus maridos e a seu povo e não em si mesma.

[46] GONZÁLEZ, Maria, p. 41.

[47] GRINDEL, Juízes. In: BERGANT, Dianne; KARRIS, Robert J. (orgs.). *Comentário bíblico.* 6ed. São Paulo: Loyola, 2012, vol. I, p. 242.

[48] VALENTINI, *Maria secondo le Scritture*, p. 116-117.

[49] GONZÁLEZ, *Maria*, p. 94, 99 e 100.

[50] McKENZIE, John L. Miriam. In: ______. *Dicionário bíblico*. 10.ed. São Paulo: Paulus, 2011, p. 535.

[51] BOWES, Paula J. 1 e 2 Samuel. In: In: BERGANT, Dianne; KARRIS, Robert J. (orgs.). *Comentário bíblico.* 6ed. São Paulo: Loyola, 2012, vol. I, p. 247.

[52] FISICHELLA, Rino. Apresentação. In: CONSELHO PONTIFÍCIO PARA A PROMOÇÃO DA NOVA EVANGELIZAÇÃO. *Os salmos da misericórdia.* São Paulo: Paulus / Paulinas, 2015, p. 5.

[53] RODRIGUES, Valney Augusto; DEPIZZOLI, Antonio Marcos. O *Magnificat* como paradigma de liturgia integral. In: GUIMARÃES, Valdivino. *Maria na liturgia e na piedade popular.* São Paulo: Paulus, 2017, p. 133.

[54] BOFF, Mariologia social, p. 341.

[55] *Ibid.*, p. 291.

[56] KASSELOURI-HATZIVASSILIADI, Eleni. "Mais digna do que todos os querubins..." O "rosto" ortodoxo de Maria. In: CONCILIUM. *Os muitos rostos de Maria.* Petrópolis: Vozes, n. 327, 2008/ 4, p. 65 [529].

[57] TABORDA, Francisco. *A Igreja e seus ministros.* Uma teologia do ministério ordenado. São Paulo: Paulus, 2011, p. 47.

[58] PAGOLA, José Antonio. *Pai-Nosso*. Orar com o Espírito de Jesus. Petrópolis: Vozes, 2018, p. 27.

[59] CONSELHO PONTIFÍCIO PARA A PROMOÇÃO DA NOVA EVANGELIZAÇÃO. *Os salmos da misericórdia.* São Paulo: Paulus / Paulinas, 2015.

[60] BOFF, Lina. *Mariologia:* interpretações para a vida e para a fé. Petrópolis: Vozes, 2007, p. 71.

[61] BROWN, O nascimento do Messias, p. 402-403.

[62] *Ibid.*, p. 418.

[63] BOFF, *Mariologia social*, p. 372.

REFERÊNCIAS BIBLIOGRÁFICAS

BOFF, Clodovis Maria. *Mariologia social.* São Paulo: Paulus, 2006.

BOFF, Lina. *Mariologia:* interpretações para a vida e para a fé. Petrópolis: Vozes, 2007.

BOWES, Paula J. 1 e 2 Samuel. In: In: BERGANT, Dianne; KARRIS, Robert J. (orgs.). *Comentário bíblico.* 6ed. São Paulo: Loyola, 2012, vol. I.

BROWN, Raymond. *O nascimento do Messias.* Comentário das narrativas da infância nos Evangelhos de Mateus e Lucas. São Paulo: Paulinas, 2005.

CONSELHO PONTIFÍCIO PARA A PROMOÇÃO DA NOVA EVANGELIZAÇÃO. *Os salmos da misericórdia.* São Paulo: Paulus / Paulinas, 2015.

FISICHELLA, Rino. Apresentação. In: CONSELHO PONTIFÍCIO PARA A PROMOÇÃO DA NOVA EVANGELIZAÇÃO. *Os salmos da misericórdia.* São Paulo: Paulus / Paulinas, 2015.

GONZÁLEZ, Carlos Ignacio. *Maria, evangelizada e evangelizadora.* São Paulo: Loyola, 1990, p. 32-33.

GRINDEL, Juízes. In: BERGANT, Dianne; KARRIS, Robert J. (orgs.). *Comentário bíblico.* 6ed. São Paulo: Loyola, 2012, vol. I.

JOÃO PAULO II. *Carta Encíclica* ***Redemptoris Mater*** *do Sumo Pontífice João Paulo II sobre a Bem-Aventurada Virgem Maria na vida da Igreja que está a caminho.* 14. ed. São Paulo: Paulinas, 2008.

KASSELOURI-HATZIVASSILIADI, Eleni. "Mais digna do que todos os querubins..." O "rosto" ortodoxo de Maria. In: CONCILIUM. *Os muitos rostos de Maria.* Petrópolis: Vozes, n. 327, 2008/ 4, p. 65 [529].

KODELL, Jerome. Lucas. In: BERGANT, Dianne; KARRIS, Robert J. (orgs.). *Comentário bíblico.* 6ed. São Paulo: Loyola, 2012, vol. III.

LAURENTIN, René. *Breve tratatto sulla Vergine Maria.* Cinisello Balsamo: Edizione San Paolo, 2016.

MASINI, Mario. *Maria di Nazaret la Vergine.* Padova: Messaggero di Sant'Antonio, 2008.

McKENZIE, John L. *Dicionário bíblico.* 10.ed. São Paulo: Paulus, 2011.

NATOLI, Salvatore. *Mater misericordie.* La maternità di Maria come simbolica universale. In: ASSOCIAZIONE TEOLOGIA ITALIANA. *Maria.* Un caso per la teologia. Milano: Glossa, 2019, p. 35.

PAGOLA, José Antonio. *Pai-Nosso.* Orar com o Espírito de Jesus. Petrópolis: Vozes, 2018.

SERRA, Aristide. Aspetti mariologici della pneumatologia di Lc 1,35a. In: SIMPOSIO MARIOLOGICO INTERNAZIONALE. *Maria e lo Spirito Santo.* Atti del 4° Simposio Mariologico Internazionale (Roma, ottobre, 1982). Roma: Marianum, 1984, p. 133-200.

______. *La Donna dell'Alleanza.* Prefigurazioni di Maria nell'Antico Testamento. Padova: Edizioni Messaggero, 2006.

RATZINGER, Joseph. *Teologia da liturgia.* O fundamento sacramental da existência cristã. Brasília: Edições CNBB, 2019.

RODRIGUES, Valney Augusto; DEPIZZOLI, Antonio Marcos. O *Magnificat* como paradigma de liturgia integral. In: GUIMARÃES, Valdivino. *Maria na liturgia e na piedade popular*. São Paulo: Paulus, 2017.

SEGUNDO, Juan Luis. *A história perdida e recuperada de Jesus de Nazaré*: dos sinóticos a Paulo. São Paulo: Paulus, 1997.

SESBOÜÉ, Bernard. *O homem, maravilha de Deus*. Ensaio de antropologia cristolótica. São Paulo: Paulinas, 2021.

TABORDA, Francisco. *A Igreja e seus ministros*. Uma teologia do ministério ordenado. São Paulo: Paulus, 2011.

TESTA, Emmanuele. *Maria terra vergine*. I rapporti della Madre di Dio con la SS. Trinità (Sec.I-IX). Jerusalém: Franciscan Printing Press, 1985, vol. I.

TRAVAGLIA, Giovanni. *E il discepolo l'accolse con sé (Gv 19,27b)*. Il cammino etico-spirituale del credente sulle orme di Maria. Padova: Messagero di Sant'Antonio, 2011.

VALENTINI, Alberto. *Maria secondo le Scritture:* Figlia di Sion e Madre del Signore. Bologna: EDB, 2007.

ÍNDICE

Este livro foi composto com as famílias tipográficas Segoe UI e Lithos Pro
e impresso em papel Offset 75g/m^2 pela **Gráfica Santuário.**